BEI GRIN MACHT SICH IHR WISSEN BEZAHLT

- Wir veröffentlichen Ihre Hausarbeit, Bachelor- und Masterarbeit

- Ihr eigenes eBook und Buch - weltweit in allen wichtigen Shops

- Verdienen Sie an jedem Verkauf

Jetzt bei www.GRIN.com hochladen und kostenlos publizieren

Biologische Psychologie. Somatisches und vegetatives Nervensystem, Hypophyse und Hormone, Neurofeedback

Anna-Maria Burchard

Bibliografische Information der Deutschen Nationalbibliothek:

Die Deutsche Nationalbibliothek verzeichnet diese Publikation in der Deutschen Nationalbibliografie; detaillierte bibliografische Daten sind im Internet über http://dnb.d-nb.de abrufbar.

ISBN: 9783346335630
Dieses Buch ist auch als E-Book erhältlich.

Druck und Bindung: Books on Demand GmbH, Norderstedt Germany
Gedruckt auf säurefreiem Papier aus verantwortungsvollen Quellen

Das vorliegende Werk wurde sorgfältig erarbeitet. Dennoch übernehmen Autoren und Verlag für die Richtigkeit von Angaben, Hinweisen, Links und Ratschlägen sowie eventuelle Druckfehler keine Haftung.

Das Buch bei GRIN: https://www.grin.com/document/984768

Einsendeaufgabe

Biologische Psychologie

Sonderprüfung

SRH Fernhochschule – The Mobile University

Modul: Biologische Psychologie
Studiengang: B. Sc. Psychologie

Von
Anna-Maria Burchard
Psychologie (B.Sc.)

Inhaltsverzeichnis

Abbildungsverzeichnis

Abkürzungsverzeichnis

ACTH	Adrenocorticotropes Hormon
ADH	antidiuretisches Hormon
ADHS	Aufmerksamkeitsstörung mit Hyperaktivität
ADS	Aufmerksamkeitsstörung
Aufl.	Auflage
bspw.	beispielsweise
bzw.	beziehungsweise
d. h.	das heißt
Ebd.	Ebenda
EDA	elektrodermale Aktivität
EEG	Elektroenzephalographie
et. al.	et alii
f.	folgende Seite
ff.	folgende Seiten
FMRT	funktionelle Magnetenzephalographie
FSH	folikel-stimulierendes Hormon
GnRH	Gonadotropin-Releasing-Hormon
Hz	Hertz
MEG	Magnetenzephalographie
NF	Neurofeedback
NIRS	Nah-Infrarot

OXT	Oxytocin
PNS	peripheres Nervensystem
PRL	Prolaktin
PTBS	Posttraumatische Belastungsstörung
S.	Seiten
SNS	somatisches Nervensystem
u. a.	unter anderem
usw.	und so weiter
Vgl.	Vergleiche
z. B.	zum Beispiel
ZNS	zentrales Nervensystem

Aufgabe 1

1. Das Nervensystem

Mit seiner kaum überschaubaren Architektur ist das Nervensystem, mit seinen Milliarden von Nervenzellen, kilometerlangen Nervenfasern und deren komplizierten Verknüpfungen, eines der komplexesten biologischen Systeme des menschlichen Körpers.[1] Als elektrochemisches Hochgeschwindigkeitskommunikationsnetz lenkt es alle physiologischen Prozesse des Körpers wie die Wahrnehmung von sensorischen Eindrücken, die Aufrechterhaltung des inneren Gleichgewichts, die Reizweiterleitung sowie Informationssammlung und -auswertung. Strukturell lässt sich das Nervensystem folgendermaßen unterteilen: das zentrale Nervensystem (ZNS) beinhaltet Gehirn und rückenmark; das periphere Nervensystem (PNS) umfasst alle Nervenfasern; das zentrale Nervensystem schließlich verbindet die Sinnesrezeptoren mit den Muskeln und den Drüsen.[2] Der Übergang zwischen beiden Nervensystemen liegt im Rückenmark. Das periphere Nervensystems wird zudem in das somatische und vegetative (autonomes) Nervensystem unterteilt.

1.2 Somatisches Nervensystem

Das somatische Nervensystem (SNS) wird auch willkürliches, cerebrospinales oder animalisches Nervensystem genannt und dient der bewussten Wahrnehmung der Umwelt, von Reizen aus dem Körperinneren sowie der Steuerung der Motorik und der Skelettmuskulatur.

Die Reizaufnahme wird entweder über primäre Sinneszellen oder sekundäre Sinneszellen an das zentrale Nervensystem weitergeleitet und dort verarbeitet, um die empfangenen Impulse an bestimmte Körperregionen weiterzuleiten. Die Nervenwurzel des somatischen Nervensystems liegt im Rückenmark, während die Nervenstränge mit der Skelettmuskulatur, den Sinnesorganen und der Haut verbunden sind und eine Oberflächen- und Tiefensensibilität ermöglichen. Weiterhin teilt sich das somatische Nervensystem in afferente und efferente

---

[1] Vgl. Beck/ Anastasiadou/ Meyer zu Reckendorf (2018), S. 1.

[2] Vgl. Myers (2008), S. 65.

Nerven auf. Afferente Nerven werden als wichtigste Strukturen des peripheren Nervensystems angesehen. Diese peripheren Rezeptoren werden in Mechanorezeptoren, Chemorezeptoren und Photorezeptoren unterteilt und leiten Informationen zum zentralen Nervensystem weiter, um beispielsweise Sinneseindrücke, wie beispielsweise Hören, Schmecken oder Sehen sowie Tasten oder Fühlen zu ermöglichen. Efferente Nerven hingegen versenden Impulse ausgehend vom zentralen Nervensystem, die zu den Skelettmuskeln übertragen werden.[3]

1.3 Vegetatives Nervensystem

Das vegetative Nervensystem wird dem somatischen Nervensystem gegenübergestellt und steht unter der Kontrolle des Großhirns. Die Steuerung physiologischer Prozesse erfolgt durch automatische, viszerale Funktionen, die ohne bewusste Impulse ausgeführt werden. Hierzu zählen beispielsweise die Regulation des kardiovaskulären Systems, der Flüssigkeitsmatrix, des Gasaustausches mit der Umwelt, der Körpertemperatur, der Aufnahme und Abgabe von Nährstoffen, Mineralien, Abfallprodukten und Wasser sowie die Regulation der Körperabwehr einschließlich des Immunsystems.[4]

Das periphere vegetative Nervensystem besteht aus Sympathikus, Parasympathikus und Darmnervensystem. Hierbei spielen Sympathikus und Parasympathikus gegensätzliche Rollen und haben eine entgegengesetzte Wirkung in der Regulation der Organe. Während der Sympathikus uns antreibt, lässt der Parasympathikus uns ruhen. Der Sympathikus besteht aus Ganglien und entspringt dem Brustmark und den oberen Segmenten des Lumbalmarks. Die Nervenzellen sind durch Nervenstränge verbunden, die zu Organen der Brusthöhle und des Bauches führen.[5] Eine Aktivierung erfolgt bei Alarmsituationen, wodurch der Körper rasch in den Zustand höchster Leistungsfähigkeit versetzt werden kann. Der Parasympathikus entspringt dem

---

[3] Vgl. Pinel/ Pauli (2017), S. 70.

[4] Vgl. Jänig (2006)S. 134.

[5] Vgl. von der Assen (2016), S. 80.

Hirnstamm und dem Sakralmark.[6] Organe wie z. B. Harnblase, Enddarm (Beckenraum), Magen-Darm-Trakt (Bauchraum), Herz, Lunge (Brustraum) und Speicheldrüsen (Kopfbereich) werden sowohl von parasympathischen als auch von sympathischen Fasern innerviert. Jedoch werden nicht alle sympathisch innervierten Organe durch den Parasympathikus angeregt. Die Aktivierung parasympathischer Neurone wirkt beispielsweise erregend auf Harnblase, Speicheldrüsen, auf die glatte Muskulatur der Luftröhren und hemmend auf Herzschrittmacherzellen, Herzvorhöfe und Rankengefäße des erektilen Gewebes der Sexualorgane.

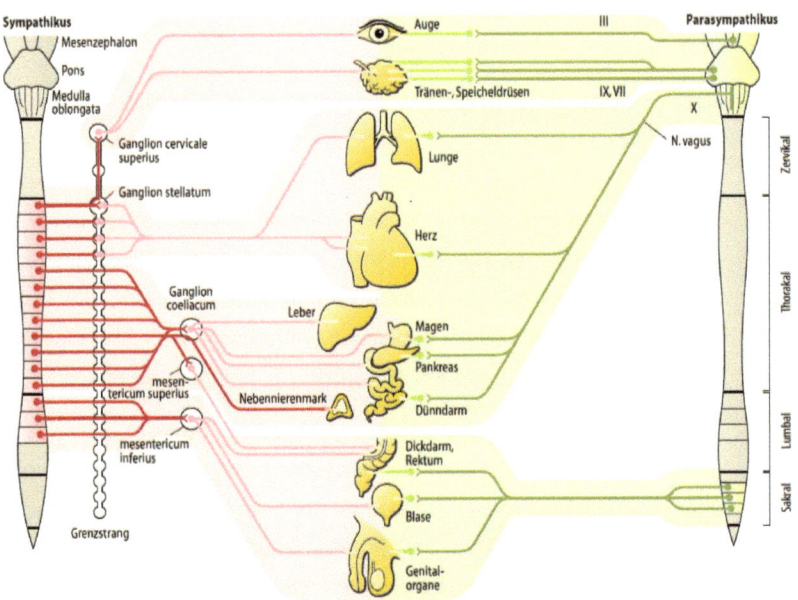

Abbildung 1: Aufbau des peripheren vegetativen Nervensystems.[7]

Aktuelle Forschungsergebnisse zeigen, wie sich psychisches Erleben über das vegetative Nervensystem auf die physiologische Homöostase, einschließlich Immunprozesse, auswirkt, was folglich psychosomatische Effekte biologisch untermauert. Das vegetative Nervensystem als Schnittstelle der psychophysiologischen Regulation gewinnt durch die Forschung zunehmend an Bedeutung und ermöglicht ein besseres Verständnis der Zusammenhänge

---

[6] Vgl. Jänig (2006), S. 134.

[7] Vgl. Jänig (2006), S. 135.

6

zwischen Psyche, Lebensstil, autonomer Regulation und chronischen körperlichen Erkrankungen.[8]

1.4 Vergleich zwischen den Nervensystemen

Obwohl somatisches und vegetatives Nervensystem miteinander agieren, ist festzustellen, dass durch das somatische Nervensystem hochdifferenzierte und gewollte Vorgänge möglich sind. Hierzu zählt beispielsweise eine willentlich ausgelöste Steuerung der quergestreiften Muskulatur des Körpers, sodass Motorik bewusst ausgeführt werden kann. Das vegetative Nervensystem hingegen ist ein unwillkürliches Nervensystem, das nur eine stark begrenzte bewusste Ansteuerung ermöglicht, und vor allem die glatte Muskulatur, Herzmuskel und Drüsen anspricht. Als Beispiel ist die automatisierte Steuerung von Atmung, Verdauung oder Pulsschlag zu nennen.

Ebenso ist pharmakologisch gesehen ein Unterschied hinsichtlich verschiedener Neurotransmitter in beiden Systemen festzustellen. Acetylcholin ist beispielsweise ausschließlich im somatischen Nervensystem wirksam, wobei nikotinähnliche Neurotransmitter im vegetativen Nervensystem effektiv sind. Ebenso sind bestimmte Hemmstoffe wie Alpha- und Betablocker speziell im vegetativen Nervensystem vorhanden, wohingegen Atropin im somatischen Nervensystem zu finden ist.[9]

Gleichzeitig sind auch Ähnlichkeiten erkennbar: So besitzen beide Nervensysteme sowohl periphere als auch zentrale Anteile, afferente und efferente Nerven sowie Ähnlichkeiten in der Unterteilung der sensorischen und motorischen Richtung bezüglich der Nervensignale.[10]

Zusammenfassend lässt sich festhalten, dass beide Systeme von großer Bedeutung für die Aufrechterhaltung der Körperfunktionen sind und gleichzeitig psychophysiologische Prozesse beeinflussen können.

---

[8] Vgl. Fouradoulas/ von Kännel/ Schmid (2019), S. 461ff.

[9] Vgl. Efferth (2006), S: 52-56.

[10] Vgl. Rohkamm & Kermer (2017), S. 24.

Aufgabe 2

2. Hypophyse und Hormone

Die endokrine Drüse mit dem größten Einfluss ist die Hypophyse (Hirnanhangdrüse). Als erbsengroße Struktur im mittleren Teil des Gehirns wird sie vom angrenzenden Hypothalamus gesteuert und sorgt für ein optimales Zusammenspiel der verschiedenen Hormone hinsichtlich Steuerung und Regulation. Hormone sind chemische Botenstoffe, die in spezialisierten Hormondrüsen des Hormonsystems gebildet und anschließend in die Blutbahn freigesetzt werden, um vielfältige Aufgaben zu übernehmen. Eine Ausschüttung erfolgt in kleinen Mengen mehrmals täglich, verändert sich rhythmisch über den Tag und wird durch unseren circadianen Rhythmus kontrolliert.[11] Die komplexe Funktionsweise dieses Vorgangs wird mittels des hochspezifischen Schlüssel-Schloss-Prinzips erreicht. Demzufolge muss ein in die Blutbahn ausgeschüttetes Hormon eine Zelle mit passendem Rezeptor finden, um sich an diese zu binden und seine spezifische Wirkung entfalten zu können.[12] Die Hypophyse wird in Adenohypophyse (Hypophysenvorderlappen) und Neurohypophyse (Hypophysenhinterlappen) unterteilt.[13] Diese beiden Orte werden vor allem darin unterschieden, dass in der Adenohypophyse Hormone gebildet werden, die zur Steuerung einzelner Körperfunktionen dienen, oder die Ausschüttung anderer Hormone im Körper regulieren. Die Neurohypophyse hingegen ist keine Drüse, sondern dient als Speicherungsorgan, das die vom Hypothalamus ausgeschütteten Hormone sammelt und bei Bedarf freisetzt.[14]

---

[11] Vgl. von der Assen (2016), S. 81.

[12] Vgl. Schneider, H. J., Jacobi, N., Thyen, J. (2020), S. 17.

[13] Vgl. Güntürkün (2012), S. 95f.

[14] Vgl. Schneider, H. J., Jacobi, N., Thyen, J. (2020), S.20.

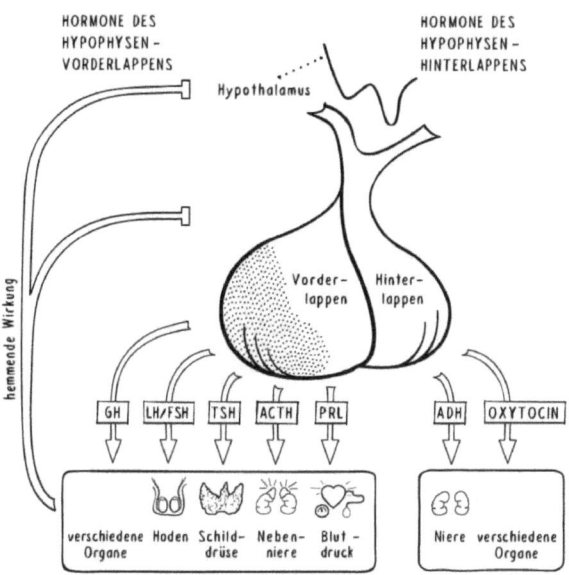

Abbildung 2: Regulation der Hypophyse.[15]

In der Adenohypophyse werden nach Birbaumer und Schmidt (2010) sechs essenzielle Hormone erzeugt. Die glandotropen Hormone (adrenokortikotropes Hormon, thyreoidea-stimulierendes Hormon, folikel-stimulierendes Hormon und luteinisierende Hormon) gelten als Steuerhormone. Nicht-glandotrope Hormone wie das somatotrope Hormon oder das Prolaktin wirken hingegen auf die Zellen eines Organs bzw. den kompletten Organismus.[16]

Anhand des folikel-stimulierenden Hormons (FSH) wird nachfolgend der Prozess der Erzeugung und Freisetzung beschrieben. Als Sexualhormon ist das olikel-stimulierende Hormon bei Männern für die Spermienbildung zuständig und regt bei Frauen Eizellenwachstum sowie die Eizellenreifung an. Durch die Neuronen im Hypothalamus wird ein Gonadotropin-Releasing-Hormon (GnRH) erzeugt welches als Freisetzungshormon in den Blutkreislauf abgegeben wird. Nun wird das Gonadotropin-Releasing-Hormon mithilfe des hypophysären Pfortadersystems in die Adenohypophyse befördert, wo sich die Blutgefäße in kleine Kapillaren aufteilen, die hormonproduzierende Nervenzellen mit passenden Rezeptoren besitzen. Aufgrund der Gonadotropin-Releasing-Hormon-Präsenz werden diese Neuronen angeregt, folikel-stimulierende

---

[15] Ebd., S.20.

[16] Vgl. Birbaumer/ Schmidt (2010), S. 127.

Hormone zu erzeugen und in die Kapillaren abzugeben, um über das Blut in Eierstöcke und Hoden transportiert werden zu können, die für die Eizellen- und Spermienentwicklung zuständig sind.[17]

In der Neurohypophyse werden das antidiuretische Hormon (ADH) sowie Oxytocin (OXT) gesammelt. Da ein Teil der Neurone des Hypothalamus mit den Axonen bis in die Neurophyse reichen, werden die Hormone auf entsprechende Signale direkt in das Kapillarennetz ausgeschüttet, um daraufhin in den Blutkreislauf zu gelangen.[18]

2.1 Oxytocin (OXT)

Oxytozin (OXT) besteht aus neun Aminosäuren und wird in den Neuronen der Nuclei supraoptici und paraventriculares produziert. Über den axonalen Transport wird es in den Hypophysenhinterlappen transportiert, wo es bei Bedarf abgegeben werden kann. Als sogenanntes „Bindungshormon" spielt es beispielsweise während Geburt und Stillzeit eine tragende Rolle. Während des Geburtsprozesses nimmt die Oxytocinkonzentration schubweise zu, womit eine regelmäßige Kontraktion des Uterus ausgelöst wird. Ebenso ist es für das anschließende Einschießen der Milch in die Brust sowie die emotionalen Bindung der Mutter an den Säugling beim Stillen zuständig.[19]

Vergleichbare positive Auswirkungen beim männlichen Geschlecht wurden in einer Studie Schweizer Wissenschaftler untersucht. Hierbei wurde der Hälfte der männlichen Probanden Oxytocinspray über die Nase verabreicht und anschließend Bilder von ärgerlichen oder ängstlichen Gesichtern vorgelegt. Gleichzeitig konnte über einen fMRT-Scan festgestellt werden, dass die Versuchsteilnehmer, die zuvor ein Oxytocinspray erhalten hatten, eine vergleichsweise schwächere Aktivierung der Amygdala zeigten, als die Probanden ohne Oxytocin.[20]

---

[17] Vgl. Güntürkün (2012), S. 96.

[18] Ebd., S. 96.

[19] Vgl. Walter (2003), S.100.

[20] Vgl. Morberg (2016), S. 76.

Ebenso dient es zur Dämpfung von Angst, Schmerz sowie Stress und erhöht die Fähigkeit sozialer Interaktion. Diese komplexen Steuerungsmuster im Rahmen von Beziehungen werden durch die Beeinflussung des Oxytocins auf viele Hirnreale und Organe ermöglicht, die durch Oxytocin miteinander koordiniert werden können.[21]

2.2 Somatotropin (STH)

Im Hypophysenvorderlappen wird das Protein Somatropin gebildet, das auch als Wachstumshormon bzw. Growth Hormon bezeichnet wird und für eine normale körperliche Entwicklung notwendig ist. Die Ausschüttung dieses Hormons wird durch die Peptide Somatoliberin gefördert oder mithilfe von Somatostatin gehemmt. Bis zum 21. Lebensjahr werden diese Peptide aus dem Hypothalamus drei- bis viermal täglich sowie in den ersten drei Stunden der Tiefschlafphase in das Portalblut der Hypophyse abgegeben.[22]

Hinsichtlich eines Somatotropinmangels bei Kindern besteht die Gefahr von Kleinwuchs. Generell kann aber auch im Erwachsenenalter ein Mangel an Somatotropin, der bspw. durch eine globale Schädigung der Hypophyse oder eine Leberinsuffizienz hervorgerufen wird, zu einem Proteinabbau und einer geschwächten Immunabwehr führen. Die Substitution von Somatotropin kann zu feststellbaren therapeutischen Effekten hinsichtlich einer Zunahme von Muskelmasse bei gleichzeitiger Abnahme von viszeralem Körperfett führen und somit die körperliche Leistungsfähigkeit verbessern.

Negative Folgen eines Somatotropinüberschusses sind bspw. ein Tumor von Somatotropin-produzierenden Zellen, Riesenwuchs oder Akromegalie.[23]

Gleichzeitig wird vermehrt eine orale Gabe von Somatotropin im Anti-Aging-Bereich propagiert, deren Nutzen jedoch aufgrund der bisherigen Datenlage nicht eindeutig belegt werden konnte.[24]

---

[21] Ebd., S. 79.

[22] Vgl. Lang/ Verrey (2005), S. 470. / Vgl. Birbaumer/ Schmidt (2010), S.54.

[23] Vgl. Lang/ Verrey (2005), S. 471.

[24] Vgl. Strasburger et. al. (2002), S. 99.

2.3 Adrenocorticotropes Hormon (ACTH)

Das adrenocorticotropes Hormon (ACTH) bzw. Corticotropin, wird in der Adenohypophyse gebildet und steuert bspw. die Hypothalamus-Hypophysen-Achse. Hierdurch sind komplexe Interaktionen zwischen dem endokrinen System und dem Nervensystem möglich.[25] Als Neuropeptid dient es zur Steuerung von Synthese und Sekretion der Glucocorticoide in der Nebennierenrinde. Insbesondere regt das adrenocorticotrope Hormon die Ausschüttung von Cotisol an. Somit nimmt es einen direkten Einfluss auf den Proteinstoffwechsel.

Unter Stress kann eine höhere Ausschüttung von adrenocorticotropen Hormonen sowie eine höhere Konzentration im Blut festgestellt werden. Ein stetig hoher ACTH-Spiegel kann daher beispielsweise auf eine posttraumatischen Belastungsstörung sowie nicht-altersgemäßen Stress in der frühen Kindheit hinweisen.[26]

Ebenso wurde festgestellt, dass das adrenocorticotrope Hormon positive Effekte auf Aufmerksamkeit und Lernen, sowie die allgemeine Leistungsfähigkeit des Gehirns hat.[27]

2.4 Prolaktin (PRL)

Prolaktin ist ein Peptidhormon, das aus 199 Aminosäuren zusammengesetzt ist, und steht als einziges Hypophysenvorderlappenhormon, hauptsächlich unter inhibitatorischer hypothalamischer Kontrolle.[28] Dieser regelt mithilfe spezieller Botenstoffe die Ausschüttung in einem bestimmten Rythmus. In erster Linie reguliert Prolaktin das Gonadensystem und die Funktion bzw. den Wachstum der Brustdrüsen, was bspw. für die Milchsekretion während der Stillzeit nötig ist.[29]

---

[25] Vgl. Becker-Carus/ Wendt (2017), S. 46.

[26] Vgl. Birbaumer/ Schmidt (2010), S. 132f.

[27] Ebd., S. 144.

[28] Vgl. von Werder/ Rjosk (1979), S. 1.

[29] Vgl. Lang/ Verrey (2005), S. 472.

Ein erhöhter Prolaktin-Spiegel, der als Hyperprolaktinämie bezeichnet wird, kann Zyklusstörungen oder Unfruchtbarkeit auslösen. Eine zu geringe Ausschüttung von Prolaktin kann die Antriebsfähigkeit sowie die Konzentration stark mindern. In der Therapie des Mammakarzinoms ist die Prolaktinkonzentration ein wichtiger Richtwert, der beispielsweise während der gesamten Therapie gering ausfallen sollte.[30]

Bei Männern führt Prolaktin zu einer verminderten LH-Sekretion mit niedrigeren Testosteronspiegeln und verminderter Spermatogenese sowie Gewichtszunahme. Die genaue physiologische Funktion von Prolaktin beim Mann ist zum jetzigen Zeitpunkt noch nicht abschließend erforscht, scheint aber gering zu sein.

Aufgabe 3

3. Neurofeedback

Neurofeedback (NF) ist eine neurowissenschaftliche Methode, die im klinischen Kontext zur Förderung von kognitiven, motorischen oder affektiven Funktionen sowie als nichtmedizinische Anwendung zur Leistungssteigerung oder Erhöhung des Wohlbefindens eingesetzt werden kann. Über eine Gehirn-Computer-Schnittstelle können Veränderungen in der neuronalen Aktivität gemessen und in Echtzeit von einem Computer verarbeitet werden.[31] Dabei werden spezifische neuronale Parameter extrahiert und über visuelle, auditorische oder taktile Feedbackmethoden an den Nutzer zurückgemeldet. Dies hat zum Ziel, eine Steuerung der eigenen Gehirnaktivität zu erlernen, um kognitive, motorische oder affektive Verbesserungen zu erreichen.[32] Aktuell wird Neurofeedback vor allem als therapeutisches Verfahren, als Training zur Leistungsoptimierung oder als experimentelle Methode zur Untersuchung eines kausalen Zusammenhangs zwischen neuronalen Merkmalen und kognitiven Funktionen eingesetzt.[33] Eine Aufzeichnung der Gehirnaktivierung erfolgt dabei

---

[30] Vgl. Huch/ Jürgens (2011), S. 223.

[31] Vgl. Kober/ Wood (2020a), S. 147.

[32] Ebd., S. 147.

[33] Vgl. Enriquez-Geppert (2019), S. 187.

mit verschiedenen neurophysiologischen Methoden, wie etwa der Elektroenzephalographie (EEG), Magnetenzephalographie (MEG), funktioneller Magnetenzephalographie (fMRT) oder Nah-Infrarot Spektroskopie (NIRS).[34] Da die praktische Relevanz hauptsächlich auf EEG-basierten Neurofeedback-Anwendungen liegt, bezieht sich der vorliegende Text auf die Nutzung der Elektroenzephalographie.

3.1 Funktionsweise

Zu Beginn werden an der Kopfoberfläche der zu behandelnden Person Elektronen angebracht, die Gehirnaktivität messen. Verantwortlich für die messbaren elektrischen Signale sind die Pyramidenzellen des Kortex. Diese Zellkörper der Pyramidenzellen befinden sich in den unteren Schichten des Kortex, während die Dendriten in den apikalen Schichten liegen. Apikale Dendriten können, ähnlich wie Antennen, exzitatorischen Input empfangen. Sind die exzitatorischen Synapsen an den apikalen Dendriten aktiv, kommt es aufgrund der Anhäufung positiver Ladung innerhalb der Zelle zu einer Depolarisierung des entsprechenden Membranbereichs. Dies bedeutet eine Veränderung von "innen negativer als außen" zu "innen positiver als außen", was eine Potentialdifferenz außerhalb der Zelle sowie einen Stromfluss entlang der Zelle von positiv zu negativ erzeugt. Durch das EEG kann dieser Stromfluss um die Zelle mit einer Ausrenkung der Kurve nach oben sichtbar gemacht werden.[35] Diese Aktivierung des Kortex wird aufgrund der Potentialverschiebung in unterschiedlichen Geschwindigkeiten widergespiegelt, die in Frequenzbänder zerlegt und durch einen Ausschlag im EEG verzeichnet werden können. Diese Frequenzbänder variieren je nach Bewusstseinslage und werden in Hertz (Hz) gemessen. Ist der Proband beispielsweise mental aktiv, dominiert das Beta-Band, im entspannten Wachzustand das Alpha-Band, während des Einschlafens das Theta-Band und im Tiefschlaf das Delta-Band. Hierbei messen die Frequenzbänder den Erregungslevel des Gehirns, während

---

[34] Vgl. Kober/ Wood (2020b), S. 187.

[35] Vgl. Haus et. al. (2020), S. 17f.

langsame Potentialschwankungen unter 0,1 Hz die Erregbarkeit der neuronalen Netzwerke widerspiegeln.[36]

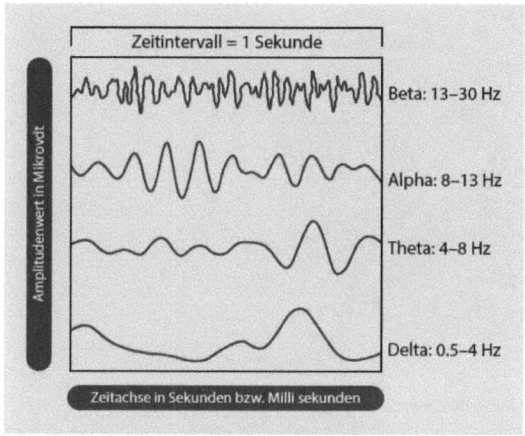

Abbildung 3: Darstellung von EEG-Rythmen.[37]

Nach der Verarbeitung des EEG-Signals dienen diese visualisierten Animationen dazu, dem Probanden die positiven Veränderungen der Hirnaktivität als Feedback aufzuzeigen um den Lernerfolg des Probanden durch die Erfolgsmeldung zu verstärken.[38]

3.2 Trainungsablauf und Wirkungsweise

Wie bereits oben erläutert, kann dem Probanden mithilfe des Neurofeedbacks eine direkte Rückmeldung über seine aktuelle Gehirnaktivität gegeben werden, um diese für eine Verhaltensänderung nutzbar zu machen. Hierfür bedarf es einer sogenannten Rückmeldeschleife, die aus 5 Elementen gebildet wird.

---

[36] Ebd., S. 18.

[37] Ebd., S. 18.

[38] Vgl. Kober/ Wood (2020b), S. 188.

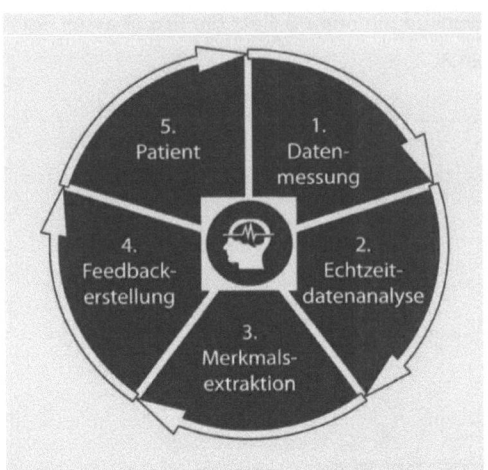

Abbildung 4: Fünf Elemente der Neurofeedback-Rückmeldeschleife.[39]

Der erste Schritt der Trainingseinheit besteht darin, die Gehirnaktivität durch ein bildgebendes Verfahren wie beispielsweise das EEG zu erfassen. Im nächsten Schritt findet eine Echtzeitanalyse einschließlich der Extraktion von Messartefakten statt. Daraufhin kann das extrahierte Merkmal eruiert werden, das trainiert werden soll. Im vierten Schritt findet die Übertragung dieses Merkmals in ein Feedbacksignal statt, das der Patient im fünften Schritt mittels seiner Gehirnaktivität zu beeinflussen versucht, um diese erneut zu messen, zu analysieren, zu extrahieren und eine Rückmeldung geben zu können.[40]

Bezüglich des folgenden Schrittes muss erläutert werden, dass unterschiedliche Lernmachnismen zur Diskussion stehen. Nach Ros et. al. (2014) zählen operantes und klassisches Konditionieren zu den wichtigsten und werden basierend auf der NR-Rückmeldeschleife nachfolgend beschrieben. Frühe NR-Phasen werden durch fluktuierende Feedback-Signale widergespiegelt, die unkonditionierte neuronale Variabilität abzeichnen. Bei nachfolgender neuronaler Aktivierung des erwünschten Bereiches erhält der Proband entsprechendes Feedback. Hierdurch wird dieser Zustand im Gehirn als Sollwert gespeichert und belohnungs-modulierende Signale (z. B. Dopamin)

---

[39] Vgl. Enriquez-Geppert (2019), S. 186.

[40] Ebd., S. 186.

ausgeschüttet. Nachfolgende Rückmeldeschleifen dienen dazu, dass der Proband mithilfe mentaler Strategien selbst die erwünschte Gehirnaktivität produziert.[41] Im weiteren Verlauf der NR-Trainingseinheiten werden bezüglich des festgesetzten Trainingziels kontinuierliche Anpassungen erhoben.

Da ein NR-Training aus einer Vielzahl von Durchgängen besteht und insgesamt rund 30 Sitzungen umfasst,[42] stellt es eine relativ aufwendige Methode dar, die eine hohe Eigenmotivation sowie eine aktive Mitwirkung des Patienten voraussetzt.

3.4 Anwendungsgebiete im klinischen Bereich

Im klinischen Bereich wird Neurofeedback erfolgreich bei Aufmerksamkeitsdefizitstörungen mit oder ohne Hyperaktivität (ADS/ ADHS), Autismus, Angststörungen und Panikattacken, Posttraumatischen Belastungsstörungen (PTBS), Fibromyalgie, Phobie, Suchterkrankungen, Hypertonie, Migräne, Epilepsie, Schlafstörungen, Schlaganfall oder Tinnitus eingesetzt.

Neurofeedback bietet den Patienten beispielsweise im Falle einer Suchterkrankung eine effektive Möglichkeit, ihre Abhängigkeit aus eigener Kraft zu bekämpfen. Hierbei wird durch spezielle EEG-Trainings versucht, das Suchtverhalten bewusst zu kontrollieren, um die neuronale Plastizität zu verändern und folglich die Basis für ein gesundes und soziales Leben zu schaffen. Da durch den Entzug eines Suchstoffes ein starkes Verlangen (Craving) entsteht, das Anspannung und Konzentrationsschwierigkeiten hervorruft, kann dies anhand der Hinströme abgebildet werden. Erst durch den Konsum des Suchstoffes, stellt sich Entspannung bzw. ein Normalzustand der Hirnströme ein. Das Ziel einer Therapie bei Suchterkrankungen ist es, die Steuerung der Hirnaktivitäten zu erlernen, um eine Kontrolle über das Verlangen nach Suchtmitteln zu erlernen.[43] Hierbei ist anzumerken, dass das Wahrnehmen von Bedürfnissen und Gefühlen bei Süchtigen meist tief

---

[41] Ebd., S. 187.

[42] Vgl. Markgraf/ Schneider (2009), S. 1940.

[43] Vgl. Haus et. al. (2020), S. 281.

verschüttet ist, insofern wird ein Training mit Neurofeedback erst begonnen, wenn der Patient gelernt hat, seine körpereigen Prozesse wahrzunehmen.

Bei Angststörungen, die zu den häufigsten psychischen Störungen bei Erwachsenen zählen und als eine Fehlregulierung im vegetativen und zentralen Nervensystem angesehen werden, bietet Neurofeedback gute Ansatzmöglichkeiten für eine Behandlung. Hierbei steht vor allem das Stabilisieren und Beruhigen des Nervensystems im Vordergrund. Mittels des ILF-Trainings werden die Symptome in verschieden Kategorien von Fehlregulierungen eingeteilt, um sie nachfolgend den Trainingskategorien zuzuordnen. Zu Anfang wird mit rechts-parietalem Training begonnen, um Spannungen im Körper zu reduzieren.. Der nächste Schritt beinhaltet rechts-parietales Training, um emotionale Reaktivität zu mindern. Bei Zwangsgedanken kann zusätzlich links-frontales Training zu einer besseren Selbstkontrolle führen.[44]

Auch wenn Neurofeedback eine medikamentöse Therapie oftmals nicht vollständig ersetzen kann, gibt es durchaus wissenschaftliche Evidenz für den effektiven Einsatz zur Unterstützung der Behandlung vieler Krankheitsbilder.

3.5 Nichtmedizinische Anwendungsgebiete

Nichtmedizinische Anwendungen werden ohne bestimmte Diagnose oder Vorgabe einer medizinischen Indikation in verschiedenen Bereichen eingesetzt. Gerade im Wellness-Bereich (beispielsweise beim Alpha-Training) dient Neurofeedback als eine Methode, die dem Klienten Entspannung vermitteln soll. Hierbei richtet sich das Training auf ein kontrolliertes Anheben der Alpha-Frequenzen im EEG. Dies geschieht mittels ruhiger Atemtechniken, was zur Verdeutlichung der Zusammenhänge zwischen Atmung und Stress sowie dem Verständnis für die Bedeutsamkeit alltäglicher Atemtrainingsmaßnahmen führen soll. In der Psychoedukation wird beispielsweise durch einen spielerisch experimentellen Zugang, das Interesse für psychophysiologische Zusammenhänge bei Stress geweckt, um im nachfolgenden Training die Wahrnehmung für körperliche Veränderungen zu schulen. Hierfür hat sich

---

[44] Vgl. Wiedemann/ Kowalski (2020), S. 250.

beispielsweise die Messung der elektrodermalen Aktivität (EDA) als vorteilhaft erwiesen, um den Klienten deutlich wahrnehmbare, körperliche Effekte zu verdeutlichen. Im Bereich der Prävention liegt der Schwerpunkt auf der Verbesserung von Entspannung und dem Erlernen von Visualisierungen, Bindungen und Übungen die auch unter Alltagsbedingungen angewandt werden können. Im Peak-Performance-Training wird versucht, ein bereits hohes Leistungsniveau in eine Spitzenleistung zu steigern. Hier gehört neben der Analyse aller Umgebungsvariablen im Umfeld der Spitzenleistung auch das Trainieren von Tiefenentspannungsmethoden.[45]

Sämtliche oben aufgeführten Anwendungsbereiche haben als Gemeinsamkeit, dass zuerst Komponenten der Entspannung trainiert werden, um dann bezüglich des Behandlungsprofils speziellere Behandlungsansätze herauszuarbeiten.[46]

---

[45] Vgl. Haus et. al. (2020), S. 296ff.

[46] Ebd., S. 300.

Literaturverzeichnis

von der Assen, C. (2016), Crash-Kurs Psychologie, Heidelberg.

Birbaumer, N., Schmidt, R. F. (2010), Biologische Psychologie (7. Aufl.), Heidelberg.

Efferth, T. (2006). Molekulare Pharmakologie und Toxikologie. Biologische Grundlagen von Arzneimittel und Giften. in, Heidelberg.

Fouradoulas, M., von Känel, R., Schmid, J.-P. (2019), Herzfrequenzvariabilität – Stand der Forschung und klinische Anwendbarkeit. In: Battegay, E., Nüesch, R., Steurer, J., Waeber, ,B. (Hrsg.), Praxis - Schweizer Rundschau für Medizin, Göttingen.

Güntürkün, O. (2012), Biologische Psychologie, Göttingen.

Huch, R., Jürgens, K. D. (2011), Lehrbuch und Atlas für die Berufe im Gesundheitswesen (6. Aufl.), München.

Jänig, W. (2006), Vegetatives Nervensystem. In: Schmidt, R. F., Schaible, H.-G. (Hrsg.), Neuro- und Sinnesphysiologie, Heidelberg.

Lang, F., Verrey, F. (2005), Hormone. In: Schmidt, R. F., Lang, F., Thews, G. (Hrsg.), Physiologie des Menschen (29.Aufl.), Heidelberg.

Lang, F., Lang, P. (2007), Basiswissen Physiologie, Heidelberg.

Myers, D. G. (2008), Psychologie, Heidelberg.

Morberg, K., U. (2016), Oxytocin, das Hormon der Nähe, Heidelberg.

Pinel, J. P., Pauli, P. (2007), Biopsychologie, München.

Rohkamm R. & Kermer P. (2018), Taschenatlas Neurologie (4. Aufl.), Stuttgart.

Ros T, Baars BJ, Lanius RA, Vuilleumier P (2014) Tuning pathological brain oscillations with neurofeedback: a systems neuroscience framework. Front HumNeurosci 8:1008

Schneider, H. J., Jacobi, N., Thyen, J. (2020), Hormone - ihr Einfluss auf mein Leben, Göttingen.

Walter, H. (2003), Liebe und Lust: Ein intimes Verhältnis und seine neurobiologischen Grundlagen. In : Stephan, A., Walter., H. (Hrsg.), Natur und Theorie der Emotion, Paderborn.

Internetquellen

Beck, H., Anastasiadou, S., Meyer zu Reckendorf, C. (2018), Faszinierendes Gehirn, https://link.springer.com/chapter/10.1007/978-3-662-54756-4_1, abgerufen am 10.11.20.

Becker-Carus, C., Wendt, M. (2017), Neurowissenschaften und Verhalten - biologisch-physiologische Grundlagen, https://doi.org/10.1007/978-3-662-53006-1_2, abgerufen am 15.11.20.

Enriquez-Geppert, S. (2019), Neurofeedback aus der Perspektive der Neurowissenschaften, Psychotherapeut, (64),https://link.springer.com/article/10.1007/s00278-019-0351-3, abgerufen am 15.11.20.

Haus, K.-M., Held, C., Kowalski, A., Krombholz, A., Nowak, M, Schneider, E., Strauß, G., Wiedemann, M. (2020), Praxisnah Biofeedback und Neurofeedback, https://link.springer.com/book/10.1007%2F978-3-662-59720-0, abgerufen am 15.11.20.

Kober, S. E., Wood, G. (2020a), Was kann Neurofeedback?, https://econtent.hogrefe.com/doi/pdf/10.1024/2235-0977/a000305, abgerufen am 15.11.20.

Kober, S. E., Wood, G. (2020b), Möglichkeiten und Grenzen von Neurofeedback, https://econtent.hogrefe.com/doi/pdf/10.1024/2235-0977/a000293, abgerufen am 15.11.2020.

Strasburer, C. J., Jaursch-Hancke, C., Kann, P. H., Klingmüller, D., Plöckinger, U., Petersenn, S., Quabbe, H.-J. (2002), Missbräuchlicher Einsatz von humanem Wachstumshormon in der Anti-Aging-Medizin, https://www.aerzteblatt.de/archiv/treffer?

mode=s&wo=1008&typ=16&aid=37359&autor=Strasburger%2C+Christian+J%2E, abgerufen am 14.11.20.

von Werder, K., Rjosk, H. K. (1979), Menschliches Prolaktin, https://link.springer.com/article/10.1007%252FBF01476976, abgerufen am 13.11.20.

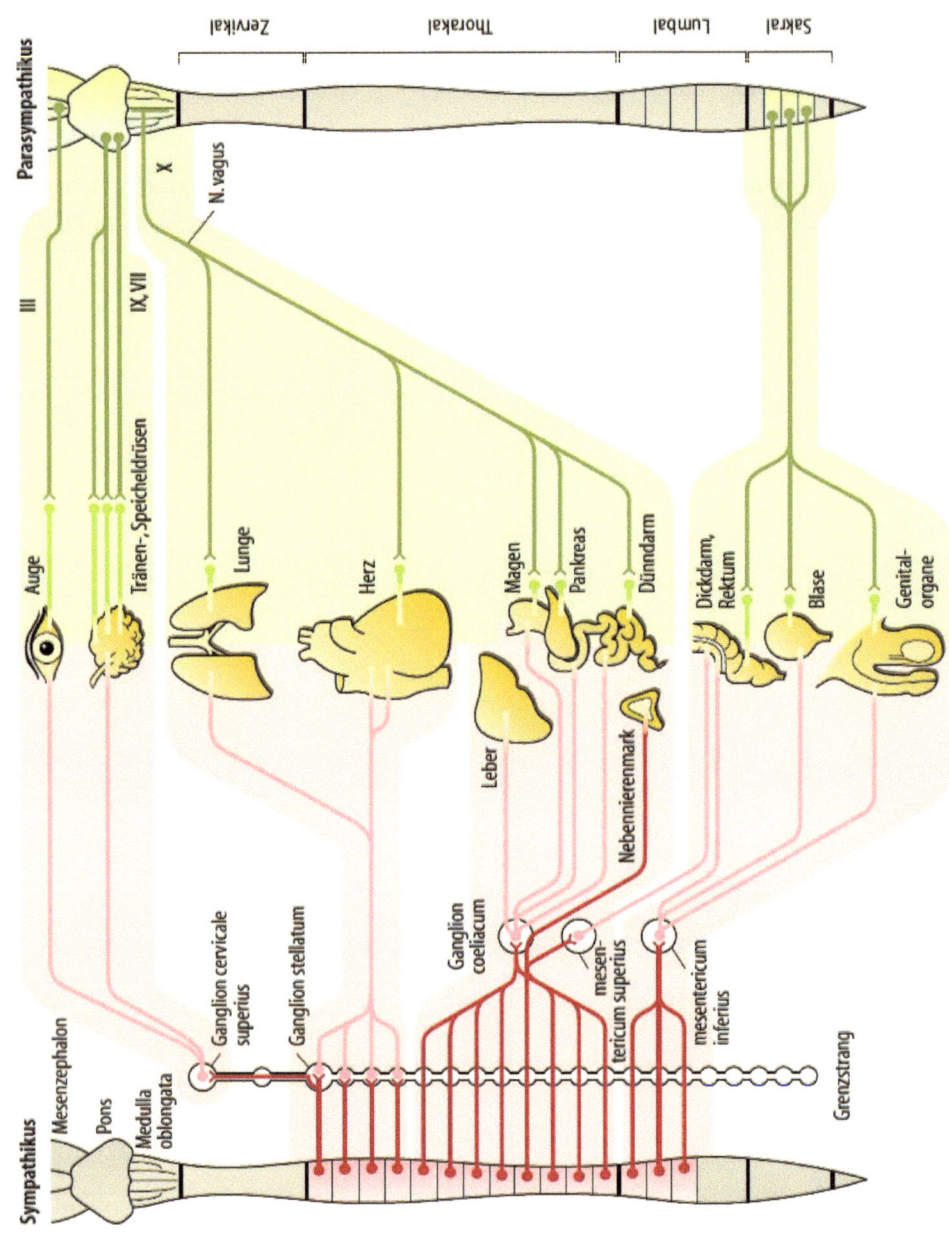

Abbildung 1: Aufbau des peripheren vegetativen Nervensystems.7
(Quelle: Vgl. Jänig (2006), S. 135.)